Disney·PIX

MONSTRUOS, S.A.

everest

James P. Sullivan (Sulley) y Mike Wazowski eran amigos y además formaban el mejor equipo de asustadores de la empresa Monstruos, S. A., que suministraba energía a toda Monstruópolis. Desde la Planta de Sustos los monstruos entraban y salían por las puertas que comunicaban con los cuartos de los niños, y los gritos de los pequeños producían la energía.

Después del trabajo, todas las puertas se retiraban, pero una tarde Sulley, extrañado, encontró una. La abrió; no había nadie. Iba a quitarla cuando algo le tocó por detrás. Horrorizado, descubrió que era... ¡una niña!

—¡Boo! —gritó la niña.

Sulley casi se muere del susto.

Todos en Monstruópolis sabían que los niños son tóxicos, horribles y muy peligrosos, pero Sulley encontró algo encantador en la niña, y decidió protegerla cuando Randall entró allí. Él envidiaba y odiaba a Sulley. Si descubría a la criatura, lo pasarían mal.

Sulley necesitaba ayuda. Fue al restaurante donde Mike cenaba con su novia Celia. En una bolsa llevaba a la niña, pero ésta se escapó y se armó un lío terrible. Los helicópteros de la CDA (Agencia de Detección de Niños) buscaban a la pequeña.

Sulley y Mike llevaron a la niña a casa de Sulley. Viéndola dormir, éste le dijo a Mike:

—Boo no parece peligrosa.

—¡Pero los niños matan! —contestó Mike—. ¡Y no deberías ponerle nombre!

Al final decidieron devolver a Boo en secreto a su casa. Randall descubrió que tenían a la niña y tendió una trampa a Mike. Sulley y Boo les siguieron y descubrieron el laboratorio donde Randall había creado la máquina extractora de gritos de los niños.

Mike y Sulley buscaron a Waternoose, el director de la empresa, para informarle de su hallazgo. Cometieron un error, porque resultó que Waternoose era ¡cómplice de Randall! Así que el director empujó a los amigos hacia una puerta que comunicaba con el desierto de los humanos.

—Éstos ya no vuelven —dijo Randall.

Randall se equivocaba. Sulley buscó un pueblo, fue a una casa, entró en un armario y salió en Monstruos, S. A. Liberó a Boo y escapó con ella, seguidos de Mike y perseguidos por los monstruos de Randall. La novia de Mike, Celia, trató de detenerles, pero, al enterarse de lo que ocurría, colaboró con ellos.

Las carreras y persecuciones terminaron cuando aparecieron miembros de la CDA mandados por Roz, una trabajadora de la empresa que en realidad era agente secreta de la CDA. Waternoose fue detenido y a Sulley le nombraron director.

Sulley había descubierto que la risa de los niños producía más energía que sus gritos. Boo fue enviada a su casa, pero Sulley la visitaba de vez en cuando y ella se alegraba mucho de ver a su «Gatito».

PREGUNTAS

1. ¿Dónde trabajaba Sulley?
2. ¿Cómo se llamaba el mejor amigo de Sulley?
3. ¿Por qué asustaban en Monstruos, S. A. a los niños?
4. ¿Por qué se armó tanto revuelo en Monstruópolis cuando Boo se escapó en el restaurante?
5. ¿Por qué Randall odiaba a Sulley?
6. ¿Recuerdas el nombre de la novia de Mike?
7. ¿Ayuda Waternoose a Sulley y Mike?
8. ¿Quién fue el nuevo director de la empresa Monstruos, S. A.?

1. Sulley es el mejor asustador de todos los tiempos. Utiliza la cuadrícula para dibujarlo.

2. Un mundo lleno de monstruos puede ser algo confuso. ¿Sabrías identificar a todos los protagonistas? Descifra el nombre de cada uno y luego traza una línea hasta el dibujo que corresponda.

ZRO	OSATRNOWEE	KMIE
________	________________	____________
NLDAARL	YULESL	OBO
____________	__________	____________

3. Los monstruos sólo pueden contactar con el mundo de los niños de una manera. Une los puntos y descubre a través de qué objeto entran en ese mundo.

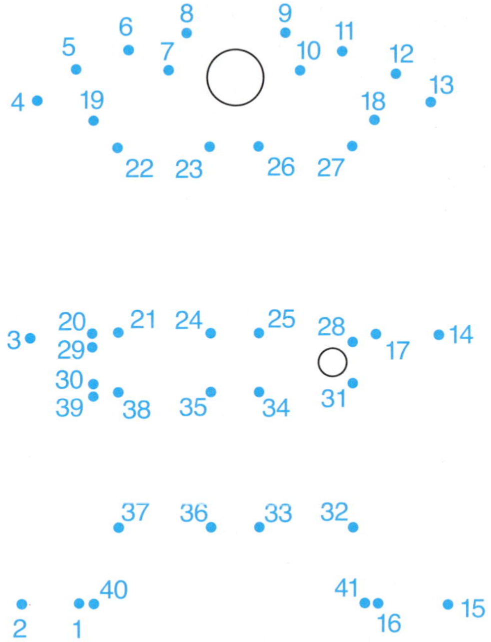

4. Mike chocó con la pared y todos los depósitos de gritos se cayeron al suelo. ¿Sabrías decir cuántos se han caído?

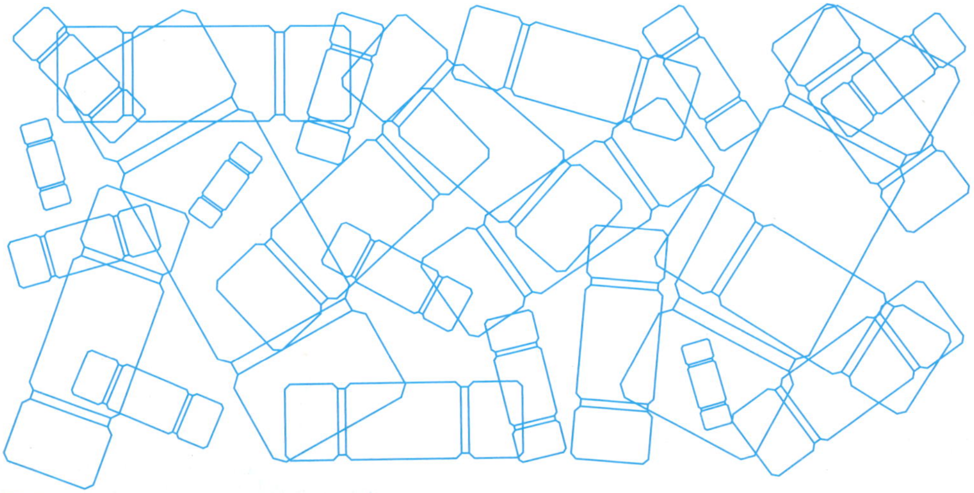

5. Completa la ilustración coloreando a los protagonistas.

RESPUESTAS

1. En Monstruos, S. A., donde Sulley era asustador, el mejor de todos.
2. Mike Wazowski, pero sus amigos le llamaban simplemente Mike.
3. Porque esa empresa conseguía de los gritos de los niños asustados energía para toda Monstruópolis.
4. Porque allí estaban convencidos de que los niños son tóxicos y muy peligrosos, de modo que todos los monstruos temían contaminarse.
5. Porque le envidiaba, ya que deseaba conseguir más gritos que él.
6. Celia.
7. Todo lo contrario; trata de deshacerse de ellos, porque era cómplice del malvado Randall.
8. Sulley, y fue estupendo, porque él había descubierto que las risas de los niños producían mucha más energía que sus gritos al asustarse.

SOLUCIONES A LOS JUEGOS

2.

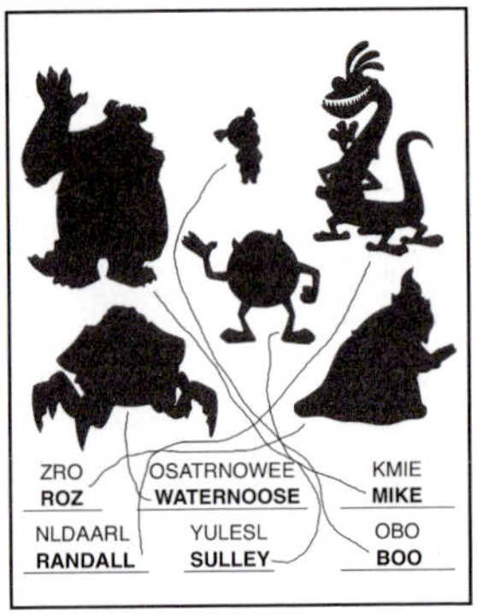

3.

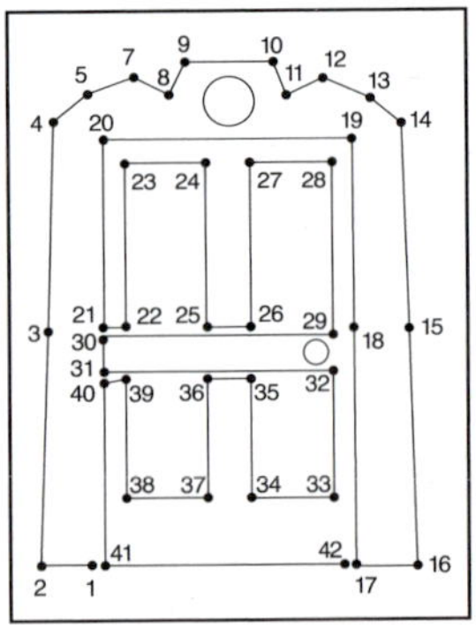

4. Hay 24 depósitos de gritos en total.